AF272462

GROSSER

ZAPFENSTREICH

der

BUNDESWEHR

von

WILHELM WIEPRECHT

Particell und **Geschichte**

zusammengestellt und bearbeitet
von
Oberstleutnant a. D. Dr. Bernhard Höfele

Titelbild:
IMZBw Bildarchiv

Herstellung und Verlag
Books on Demand GmbH, Norderstedt

© 2012 by Dr. Bernhard Höfele,
Lupinenweg 7, D – 53229 B o n n
http://www.militaermusik-online.de

ISBN: 978-3-8423-7925-1

Typografie/Satz:
Matthias Höfele

Covergestaltung:
vincent.dilg.**design.**
http://www.burning-ideas.com

I n h a l t

Particell des Großen Zapfenstreichs

Anmarsch der Ehrenformation ……………………	…...4
Locken zum Zapfenstreich ………………………...	…...7
Zapfenstreich – Marsch ……………………………	…... 8
1. Post ……………………………………………..	…..10
2. Post ……………………………………………..	…..12
3. Post ……………………………………………..	….14
Zeichen zum Gebet ………………………………..	….16
Gebet ……………………………………………..	….16
Abschlagen nach dem Gebet ………………..……..	….18
Ruf nach dem Gebet …………………………..…..	….19
Deutsche Hymne …………………………………..	…20
Ausmarsch ………………………………………….	….22

Geschichte und Geschichten um den Zapfenstreich

Entstehung des Wortes *Zapfenstreich* ……………	…..25
Bedeutung des Zapfenstreichs im 19. Jh. …………	….28
Zur Geschichte des Zapfenstreich – Marsches ……	….30
Zur Geschichte der *Retraite* , Zapfenstreich der Kavallerie (Posten 1 – 3) …………………………..	….35
Die Geschichte um die Einführung des "Gebets"….	….37
Zur Melodie von D. S. Bortnjanski ………………..	….42

Der Wieprecht'sche Große Zapfenstreich [-Zyklus] von den Anfängen bis zur Gegenwart

Entstehung im 19. Jahrhundert ……………………....	… 47
Entwicklung in der ersten Hälfte des 20. Jh.'s ……...	… 50
Der Große Zapfenstreich in heutiger Zeit (1955 – 2011) ….....………………………………....	… 52

Anmarsch der Ehrenformation mit dem
Yorck'schen Marsch von Ludwig van Beethoven

5

Vortreten der Fackelträger

Meldung der Ehrenformation

Serenade (drei beliebige Stücke)

Kommando:
Ehrenformation stillgestanden!

Großer Zapfenstreich!

Zapfenstreich - Marsch

Musikkorps

9

1. P o s t

Trompeten

übrige
Blechblas-
instrumente

Pauken

(sempre trèmulo)

11

2. P o s t

Trompeten

übrige
Blechblas-
instrumente

Pauken

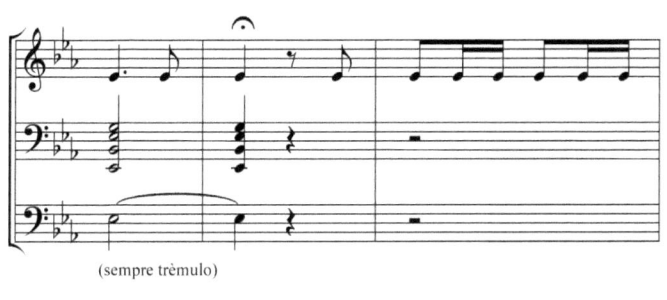

(sempre trèmulo)

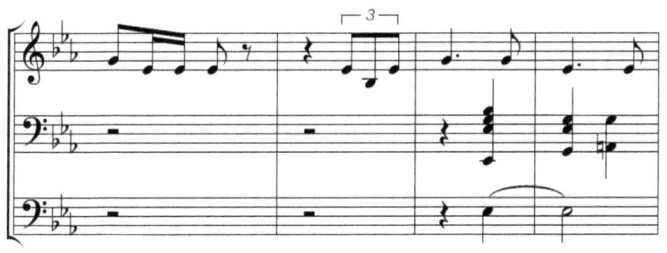

3. Post

Trompeten

übrige
Blechblas-
instrumente

Pauken

(sempre trèmulo)

15

Zeichen zum Gebet

Kommando: Helm ab zum Gebet!

Gebet

Melodie: Dmitri S. Bortnjanski
(1751 - 1825)

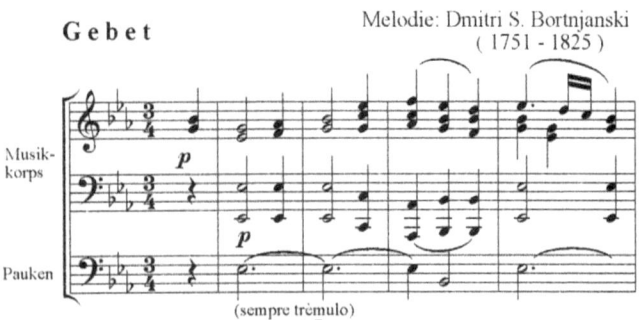

(sempre trémulo)

16

+ Trommeln und Schlagzeug

Kommando: H e l m   a u f !

17

Abschlagen nach dem Gebet

Ruf nach dem G e b e t

Trompeten

Pauken

Tutti

(sempre trèmulo)

Kommando : A c h t u n g   p r ä s e n t i e r t !

D e u t s c h e   H y m n e

Joseph Haydn
(1732 - 1809)

Musik-
korps

Pauken

(sempre trèmulo)

+Trommeln und
Schlagzeug

Kommando : H a n d   a b !

Abmeldung der Ehrenformation

Zurücktreten der Fackelträger

Ausmarsch der Ehrenformation mit:
Locken und Zapfenstreich - Marsch

Mit dem A u s m a r s c h

der Ehrenformation endet

der

G r o ß e   Z a p f e n s t r e i c h

der Bundeswehr

23

Geschichte und Geschichten um den Zapfenstreich

Eines der schwierigsten Kapitel in der Geschichte der deutschen Militärmusik ist die Entstehung und Entwicklung des Zapfenstreichs. Einmal, weil dieser in Form des *Großen Zapfenstreichs* im 20. Jahrhundert eine enorme Bedeutung erhalten hat und daher auch ein klares, geschichtliches Entwicklungsbild sehr gefragt ist. Zum anderen aber, weil die Quellenlage zur Entstehung und Entwicklung des Zapfenstreichs wie auch des Großen Zapfenstreichs so spärlich ist, dass sich zahlreiche Geschichten um diese besonderen Signale und Musikstücke der Militärmusik gebildet haben. Deren oft spekulativer Kern ist nicht nur weit verbreitet, sondern hält sich auch hartnäckig. Das Wenige, was die Quellen bieten, soll hier sachlich dargestellt werden, und Lücken in der geschichtlichen Entwicklung, die sich nicht schließen lassen, müssen offen bleiben.

Erste Anfänge und Entstehung des Wortes "Zapfenstreich"

Schon das römische Heer kannte eine abendliche musikalische Ehrung für einen militärischen Führer im Feldherrnrang.[1] Dabei handelte es sich nicht nur um konzertante Darbietungen von Signalen. Es wurden auch mehrere Bläser für die Ausführung zusammengezogen, um so den repräsentativen Charakter dieser musikalischen Abendzeremonie zu unterstreichen. Bei den mittelalterlichen Erwähnungen von Militärmusik kommt etwas Vergleichbares nicht vor. Auch Leonhart Fronsperger,

---

[1] Vgl. dazu Cäsar, *de bello civili*, L. III, c. LXXXII / 1

25

der 1565 ausführlich über die Militärmusik seiner Zeit berichtet,[2] erwähnt mit keinem Wort einen Zapfenstreich oder etwas Ähnliches. Erst 1726 taucht bei Fleming der Begriff "Zapfen=Schlag" auf.[3] An gleicher Stelle schrieb Fleming auch schon von Betstunden und Predigten, die am Abend gehalten wurden. Sogar die zum Zapfenstreich gegensätzlichen Signale, nämlich zur "Reveille", der Musik am Morgen, "wenn es früh am Tag ist, und die Nachtposten abgehen", werden hier erwähnt. Alle Begriffe stehen bei Fleming in dem Kapitel "Vom Tambour und Querpfeifer", werden also mit diesen Instrumentalisten in Zusammenhang gebracht. Fleming beschreibt sodann nur noch, welche Trommelschläge von den Tambouren zu diesen Ereignissen geschlagen werden. In einem weiteren Kapitel, in dem die Aufgaben des "General-Gewaltigen / Rumormeister und des Profoß" [4] beschrieben werden, wird eindeutig festgestellt, dass die Trommel gerührt wird, wenn alles "Zapfen und Ausschenken" sowohl im Lager als auch außerhalb dessen einzustellen ist. Dies zu überwachen, sei Aufgabe aller "Regiments- und Kompanie-Profosse". Noch einmal kommt Fleming im Teil 4 seines Buches auf das abend-

---

[2] L. Fronsperger, Von Kayserlichen Kriegßrechten …, Franckfurt am Mayn 1565

[3] Hanns Friedrich von Fleming, der vollkommene deutsche Soldat, Leipzig 1726, S. 143

[4] Ein *Profos* und die ihm unterstellten Knechte waren Angehörige der Streitkräfte. Sie übten auf Regimentsebene die Funktionen heutiger Feldjäger aus. Rumormeister und General-Gewaltiger waren die entsprechenden Funktionsträger auf höherer Kommandoebene; z. B. für ein gesamtes Lager bzw. für mehrere Regimenter oder eine ganze Armee.

liche musikalische Zeremoniell zu sprechen, dem "Kasernen Reglement, wie es bei den Garnisonen in einigen Reichs-Städten gebräuchlich ist".

Im § 7 heißt es da:

"Und damit sich dißfalls[5] *keiner mit der Unwissenheit zu entschuldigen habe, so soll der die Wache habende Feldwebel alle Abende zwischen 8. und 9. Uhr den Zapfenstreich schlagen lassen, ..."*

Hier erscheint nun erstmals das Wort **Zapfenstreich**, der geschlagen wird; also von einem oder mehreren Tambouren ausgeführt wird.

Wenige Jahre später, 1749, erscheint auch in einem Universal-Lexikon aller Wissenschaften und Künste das Stichwort "Zapfen=Streich oder Zapfen. Schlag" [6], das im Wesentlichen alle bereits von Fleming gemachten Aussagen wiedergibt. Interessant ist dabei, dass ein Universal-Lexikon dieses Stichwort aufgenommen hat und es recht ausführlich beschreibt, während ein musikalisches Lexikon, herausgegeben 1732, dieses Stichwort noch nicht enthält.[7]

---

[5] In diesem Fall [,wenn alle Soldaten sich in der Kaserne einzufinden hatten,]
[6] J. H. Zedler, Universal-Lexicon, 60. Band, Leipzig / Halle 1749, Sp. 1628 f.
[7] J. G. Walther, Musikalisches Lexikon, Leipzig 1732 (ND Kassel 1953)

Bedeutung des Zapfenstreichs im 19. Jahrhundert

Fast 100 Jahre später, 1841, beschreibt ein Militär Konversations-Lexikon den Zapfenstreich knapp, aber treffend. Und auch eine Begründung für die Entstehung des Wortes wird hier gegeben:

"Zapfenstreich nennt man dasjenige Signal, welches in Lagern, Stand=, Marsch= und Cantonnirungsquartieren des Abends gegeben wird und als Zeichen dient, daß die Soldaten in ihre Caserne oder Quartiere zurückkehren sollen. Die Benennung Zapfenstreich rührt von der altdeutschen Gewohnheit her, daß die Polizeibeamten in den Städten sich zu einer bestimmten späten Abendstunde in die Trinkstuben begaben und über die Zapfen der Fässer, aus denen den Gästen damals gewöhnlich unmittelbar die Krüge gefüllt wurden, einen Strich mit Kreide machten, worauf nichts mehr ausgeschenkt werden durfte und die Gäste sich nach Hause begeben mußten. –

Das Signal wird gewöhnlich von den Wachposten aus gegeben, oft aber auch, besonders an festlichen Tagen, von den Musikbanden der Regimenter begleitet, welche dann, mit den eigentlichen Signalgebern abwechselnd, musicirend die Hauptstraßen und Plätze durchziehen." [8]

---

[8] Militair Conversations = Lexikon, hg. von H. E. W. von der Lühe, Adorf 1841, Band 8, Sp. 945

Auch um diese Zeit nahm ein musikalisches Lexikon von 1840 noch keine Notiz vom Zapfenstreich. Erst 1879 bringt das **Musikalische Conversations-Lexikon**, herausgegeben von **H. Mendel** das Stichwort **Zapfenstreich** und stellt lapidar fest:

"mit dem Signalhorn oder der Trommel gegebene[s] Abendsignal, nach welchem sich alle Soldaten um 9 Uhr in ihren Kasernen oder Quartieren und im Lager in ihren Zelten einfinden müssen. Bei Feierlichkeiten wird der Zapfenstreich nicht blos von den Spielleuten der Wachen (Hornisten und Tambours), sondern von denen ganzer Regimenter, auch von einem Armeecorps, mit Zuziehung sämmtlicher Musikchöre, ausgeführt, und heisst dann Grosser Zapfenstreich, der dann richtiger eine Monstre-Serenade mit anschliessendem grossen Zapfenstreich genannt werden müsste." [9]

1880 ist in einem **Handwörterbuch der Gesamten Militärwissenschaften** unter dem Stichwort **Zapfenstreich** zu lesen:

"das mit Trommel oder Signalhorn geblasene Abendsignal zur Rückkehr der Soldaten in ihre Quartiere oder Zelte, welchem gewöhnlich ¼ Stunde vorher das <Locken> vorausgeht. Der <Grosse Z.> wird vom ganzen Musik- oder Tambour-Korps, bei feierlichen Gelegenheiten

---

[9] H. Mendel (Hg.), Musikalisches Conversationslexikon, Eine Enzyklopädie, Berlin 1879, Bd. 11, S. 432

auch von mehreren solchen kombinirt ausgeführt,
wo zum Schluss der <Abendsegen> geblasen und
eine Reihe von Musikstücken exekutirt wird." [10]

Wie aus den Zitaten zu ersehen ist, war der Zapfenstreich im gesamten 19. Jahrhundert, von ganz untergeordneter Bedeutung. Es fehlt daher heute an Berichten, Beschreibungen und Äußerungen zur Entwicklung dieses so bedeutend gewordenen militärmusikalischen Zeremoniells. Die wenigen Quellen sollen jedoch in den folgenden Abschnitten ausführlich genannt werden.

Zur Geschichte des preußischen Zapfenstreich - Marsches; auch: "russischer Zapfenstreich" oder "großer Zapfenstreich" genannt.

Zurück zum Jahr 1838, als Wieprecht mit allen Musikkorps der Garde-Corps sein erstes öffentliches Konzert in Berlin dirigierte. Das Programm dieser großen Festmusik im Freien enthielt den "russischen Zapfenstreich". Diese Bezeichnung hat zu großen Missverständnissen geführt, von denen nachfolgend noch die Rede sein wird. Was war das für ein Stück ?
August Kalkbrenner, dem wir diese Programmaufzählung aus seinem Buch über Wilhelm Wieprecht von 1882 verdanken, äußerte sich 14 Jahre später an einer anderen

---

[10] B. Poten (Hg.), Handwörterbuch der Gesamten Militärwissenschaften, Leipzig 1880, Bd. 9, S. 374

Stelle, nämlich in seiner kleinen Schrift **die Königlich Preussischen Armee-Märsche**, etwas genauer über das Stück. Wegen der enormen Bedeutung dieses Textes, der im 20. Jahrhundert in mehreren Abhandlungen über die Geschichte des Zapfenstreichs durch Missdeutungen zu falschen Ergebnissen geführt hat, soll er hier im Wortlaut wiedergegeben werden:

"Als historische Stücke haben ferner noch zu gelten:
Der grosse Zapfenstreich; harmonische Retraite der Kavallerie; Gebet.
Genaues ist über die Herkunft dieser Nummern ebenfalls nicht bekannt. Den grossen Zapfenstreich bezeichnet man zuweilen auch als den <Russischen Zapfenstreich>. Nach Dr. Thouret stammt der preussische Zapfenstreich aus Russland, ist aber wahrscheinlich die Komposition eines Deutschen. Eine bis jetzt nicht anzuzweifelnde Tradition lautet so: Am Abend der Schlacht von Gross-Görschen (2. Mai 1813) hörte König Friedrich Wilhelm III. den russischen Zapfenstreich, der ihn so tief ergriff, dass er die Einführung in der preussischen Armee befahl. Diese Tradition ist weder näher zu begründen noch zu widerlegen." [11]

Kalkbrenner nennt hier als Aufzählung:
Der grosse Zapfenstreich; harmonische Retraite der Kavallerie; Gebet.

---

[11] A. Kalkbrenner, Die Königlich Preussischen Armee-Märsche, Leipzig 1896, S. 45

Er bezeichnet also mit "grosser Zapfenstreich" nicht mehrere Stücke, oder gar den von Wilhelm Wieprecht zusammengestellten Zyklus, sondern ein Musikstück, das offensichtlich im Gegensatz stand zu einem gewöhnlichen oder einfachen oder kleinen Zapfenstreich, der nur aus einem Signal bestand, wie es aus allen früheren Beschreibungen hervorgeht. An der Richtigkeit der weiteren Schilderung durch G. Thouret ist in der Tat nicht zu zweifeln. Es steht ihr kein Grund entgegen; im Gegenteil, Schilderungen der Schlacht bei Groß-Görschen am Abend des 2. Mai 1813 aus anderer Quelle bestätigen die Möglichkeit dieser Aussage.[12] Leider beschreibt Kalkbrenner nicht genauer, um welches Stück es sich hier bei dem so genannten **russischen** bzw. **großen Zapfenstreich** handelt. Eine zeitgenössische Quelle aus der ersten Hälfte des 19. Jahrhunderts vermag jedoch dieses Rätsel zu lösen. In der handschriftlichen Sammlung "Pièces d'Harmonie" von Guillaume Legrand (*1767 oder 1770 – +1845), die in der Bayerischen Staatsbibliothek, München, aufbewahrt wird, enthält die laufende Nummer 386 des ersten Bandes im Stimmbuch der Oboe 1 neben der Tempoangabe **Allegro** die Überschrift: "Rusischer Zapfenstreich". Das Stück ist ein zweiteiliger Marsch von 8 und 16 Takten, dessen Melodieanfang lautet:

---

[12] Th. Brand, Der Befreiungskrieg .., 8./Breslau 1846, S. 108: *"Die Monarchen blieben bis Abends 10 Uhr auf dem Schlachtfelde, .."*

Also fast genau der Marsch, den Wilhelm Wieprecht Jahre später als **Marsch in vorgeschriebener Cadenz. Nr. 2. Der Zapfenstreich** in die Partitur seines Großen Zapfenstreich[-Zyklus] aufgenommen hat und den er auch 1838 bei der Festmusik unter der Bezeichnung "russischer Zapfenstreich" gespielt haben muss. Für Friedrich Wilhelm III. -wie für das gesamte preußische Militär- war im Jahre 1813 ein kurzer, zünftiger Marsch als Zapfenstreich noch neu und ungewöhnlich, denn in Preußen waren bis dahin als Zapfensteiche nur Trompetensignale, Stücke für Trommler und Pfeifer, sowie langsame, feierliche Musikstücke üblich.

Dagegen waren in der Kurpfalz, in Bayern und in Oesterreich flotte Märsche als Zapfenstreiche schon früher bekannt: z. B. Beethovens *Zapfenstreiche* Nr. 1 - 3, die zwischen 1809 und 1823 entstanden sind und zu denen auch unser Yorck'scher Marsch gehört, sowie der Bayerische Zapfenstreich von 1822/23, der im Übrigen in der **Königlich Bayerischen Dienstvorschrift für die Infanterie** von 1916 auch als **Großer Zapfenstreich** bezeichnet wird.

Die Einführung des russischen Zapfenstreich[-Marsches] als Zapfenstreich der preußischen Armee im Mai 1813, von Kalkbrenner 1896 "grosser Zapfenstreich" genannt, hat somit nichts mit einem Erlass des Königs vom August des gleichen Jahres 1813 betreffs eines Gebets oder Abendliedes zu tun, der nachfolgend noch eingehend besprochen wird. Hier liegt der Grund für die Verwechslung und damit die Entstehung der weiter unten aufgeführten "Gebets - Geschichten".

Kalkbrenner war nicht der erste, der den russischen Zapfenstreich-Marsch "großer Zapfenstreich" nannte. Aber er fügte seinem Text keine Noten bei und machte auch keine näheren Angaben dazu, weshalb für dasselbe Stück verschiedene Bezeichnungen gebraucht wurden. So kam es vermutlich zur Verwechslung des **russischen Zapfenstreich-Marsches** mit dem Zyklus **Großer Zapfenstreich** von Wilhelm Wieprecht.

Nach Kalkbrenner hat sich die Bezeichnung "großer Zapfenstreich" für den 24-taktigen Marsch erhalten. 1926 nannte der Armeemusikinspizient Oskar Hackenberger in einem Konzertprogramm mit abschließendem Großem Zapfenstreich das besagte Stück: **Großer Zapfenstreich der Fußtruppen**. Auch die "Heeres Dienstvorschrift 32" (H. Dv. 32) von 1936 benennt den einleitenden Marsch: **Großer Zapfenstreich**; ebenso Willhelm Stephan in der Neuausgabe seiner Auswahl der Deutschen Armee-märsche von 1962, die heute noch in Gebrauch ist.

Bei all den unterschiedlichen Bezeichnungen ist daher zu beachten, dass der Begriff **großer Zapfenstreich** zu-nächst -etwa seit 1856- für den Zyklus von Wilhelm Wieprecht verwendet wurde (siehe dazu Programmzettel weiter unten S. 49) und seit 1887 auch für dessen erstes Stück, den von den Russen entlehnten Zapfenstreich-Marsch. Es gab somit für einen Begriff zweierlei Be-deutungen; und dies ist bis heute so geblieben.

Zur Geschichte der Retraite, des Zapfenstreichs der berittenen Truppen

Die Retraite in Wieprecht'scher Bearbeitung gibt es seit 1840. Wieprecht hat die einzelnen Signale aus dem Gedächtnis niedergeschrieben, so wie sein Vater sie geblasen hatte. Er hat sie dabei rhythmisch in ein Taktschema eingepasst und zum Abschluss jedes Signalabschnitts harmonische Akkorde und einen Paukenwirbel unterlegt. Eine erste Aufführung im Rahmen seines Zapfenstreich-Zyklus erwähnt Wieprecht selbst 1845.[13] Über die Verwendung und Bezeichnung dieser Signale gab es nie Meinungsverschiedenheiten, obwohl es auch andere rhythmische Aufzeichnungen außerhalb des Wieprecht'schen großen Zapfenstreich-Zyklus gegeben hat.[14] Lediglich über die Vereinfachung der Sechzehntel-Triolenwerte in leichter zu blasende Sechzehntel-Werte kam es zu unterschiedlichen Auffassungen. Dabei ist zu berücksichtigen, dass die Noten der Retraite-Signale in der Exerzier-Vorschrift der Kavallerie von 1855 keine Sechzehntel-Triolen enthielten. Wie sie tatsächlich geblasen wurden, entzieht sich heutiger Nachprüfung. Die Wieprecht'sche Bearbeitung von 1840 dagegen sieht Sechzentel-Triolen vor. Vielleicht zeigt sich hierbei, dass es Wieprecht, der nie den alltäglichen Dienst eines Musikkorps kennen gelernt hatte, an Erfahrung fehlte. In praktischen Notenausgaben wurde immer -bis zum heutigen Tag- die leichtere Ausführung von Sechzehntel-Werten bevorzugt.

---

[13] Vgl. A. Kalkbrenner, Wilhelm Wieprecht, Berlin 1882, S. 46

[14] Z. B. abgedruckt in: Exercir-Reglement für die Kavallerie der Königlich Preußischen Armee, Berlin 1855, S. 217 ff.

Exerzir-Reglement für die Kavallerie der Königlich Preußischen Armee, Berlin 1855, "Abend-Retraite".

Anfang der 1. Post:[15]

Königlich=Preußische Armee Märsche neu instrumentirt von Wilhelm Wieprecht, Nr. 1 Grosser Zapfenstreich, Berlin o. J. [1872].

"Harmonische Retraite der Cavallerie. Nach uralten Traditionen rhythmisch bearbeitet von Wieprecht 1840."

Anfang der 1. Post:

Exerzier=Reglement für die Kavallerie, Berlin 1909, "Zapfenstreich".

Anfang der 1. Post:

---

[15] Signalartige Melodien, die zu einer feststehenden Folge zusammengefasst worden sind, werden als "Post" bezeichnet.

Die Geschichte um die Einführung des "Gebets"

Seit dem Sommer 1813 gibt es im preußischen Zapfenstreich das Gebet bzw. Abendlied. Über dessen Einführung sind geradezu abenteuerliche Geschichten im Umlauf, die auf Missverständnissen beruhen dürften. Ein nachprüfbares Fundament ist dafür jedenfalls nicht zu finden.

Schon Fleming berichtet 1726 in ein- und demselben Kapitel von Betstunde, Predigten und Zapfen-Schlag.[16] Doch waren dies noch getrennte Dienstverrichtungen, die zum Ritual eines ausklingenden Tages im Soldatenlager gehörten und nacheinander durchgeführt wurden. Wiederum war es der preußische König Friedrich Wilhelm III., der aufgrund seiner persönlichen religiösen Einstellung und des Erlebens eines abendlichen Gebets in den Soldatenlagern ausländischer Armeen 1813 ein Gebet bzw. ein von Hautboisten gespieltes Abendlied in den preußischen Zapfenstreich einführte.

Hier die Verfügung des preußischen Königs Friedrich Wilhelm III., die er im August 1813 an seine kommandierenden Generale Tauentzien und Blücher gerichtet hat, im Wortlaut:

"Da bei allen Armeen der jetzt mit Uns verbündeten Mächte, und namentlich bei den Russen, Oesterreichern und Schweden der Gebrauch stattfindet, des Morgens nach beendigter Reveille, und des Abends nach beendetem Zapfenstreich ein Gebet zu verrichten und es Mein Wille ist, daß Meine Truppen

---

[16] H. Fr. von Fleming, a.a.O., S. 183 f.

auch in Hinsicht der Gottesverehrung keinen an-
deren nachstehen sollen, und daß überhaupt bei
denselben dem so nothwendigen religiösen Sinn im-
mer mehr Raum gegeben und jedes Mittel zur Bele-
bung desselben angewendet werden möge, so befeh-
le Ich hiermit: daß die Wachen von jetzt an, wenn
Reveille oder Zapfenstreich geschlagen wird, ins
Gewehr treten, sodann das Gewehr präsentieren,
wieder schultern und abnehmen, hierauf den Czako
usw. mit der linken Hand abnehmen und, ihn mit
beiden Händen vor dem Gesicht haltend, ein stilles
Gebet, etwa ein Vaterunser lang, verrichten sollen.
Die Mannschaft nimmt mit dem kommandierenden
Offizier, Unteroffizier usw. zugleich den Czako ab
und setzt ihn ebenso wieder auf.
In den Feldlagern sollen die vor den Fahnen usw.
versammelten Trompeter oder Hoboisten gleich
nach beendigtem Zapfenstreich ein kurzes Abendlied
blasen, nach welchem die vordem ohne Gewehr in
Jacken oder Mänteln herangetretenen Eskadronen
oder Kompanien zugleich mit den Wachen das
Haupt zum Gebet entblößen, nach dessen Ende auf
ein Signal mit der Trompete oder Trommel die Wa-
chen aus dem Gewehr treten und die Kompanien
usw. auseinander gehen. Ich trage Ihnen auf, diesen
Befehl den unter Ihrem Kommando stehenden Trup-
pen wörtlich bekanntzumachen, und auf dessen Be-
folgung strenge zu halten.

Neudorf, den 10. August 1813

Friedrich Wilhelm"

Der Erlass ist vom König am letzten Tag eines mehr-wöchigen Waffenstillstandes unterschrieben worden. Wie zu befürchten war, standen ihm und seinen Soldaten neue Schlachten bevor, so dass er auch um das Seelenheil seiner Männer besorgt war. Der Satz des Königs **"daß meine Truppen auch in Hinsicht der Gottesverehrung keinen anderen nachstehen sollen, und daß überhaupt bei denselben dem so nothwendigen religiösen Sinn immer mehr Raum gegeben und jedes Mittel zur Bele-bung desselben angewendet werden möge"** ist Anlass genug für einen aus Fürsorgepflicht heraus erteilten Befehl. Ferner ist Folgendes aus den Worten des Königs festzuhalten:

1. Der König äußert sich nicht darüber, welches Gebet gesprochen, oder welches Abendlied gespielt werden soll, sondern nur über die Tatsache als solche.
2. Auch über einen Ort, wo König Friedrich Wilhelm III. möglicherweise die Gewohnheit der ausländischen Soldaten gehört haben könnte, ist hier nichts ausge-sagt !

Die Einführung eines Gebets bzw. eines Abendliedes im Jahre 1813 blieb in den bereits angeführten Lexika-Artikeln des 19. Jahrhunderts ohne jede Erwähnung. Ebenso wurde in nahezu allen militärmusikalischen Schriften des 19. Jahrhunderts weder der Erlass selbst wiedergegeben (!), noch wurden über weitere Details der Einführung eines Gebets bzw. Abendliedes Aussagen gemacht.

In einem Brief des Generals Carl von Clausewitz an seine Frau Marie vom 20. Mai 1815 wird jedoch die Einfüh-rung bestätigt:

[...]*"Unter anderem Neuen wird Dir besonders gefallen, daß jetzt regelmäßig Morgen= und Abendgebet gehalten wird, was sehr feierlich und keineswegs eine leere Ceremonie ist. Wenn ich so etwas loben soll, muß es schon einen gründlichen Gehalt haben.*[...]*"* [17]

Da in dem Gebets-Erlass des Königs vom 10.8.1813 keine weiteren Erläuterungen zur Einführung eines Gebets gemacht worden sind, können alle Ausführungen dazu nur auf Vermutungen beruhen oder aus den weiter oben S. 31 wiedergegebenen Äußerungen von Kalkbrenner stammen. Diese Äußerungen beschreiben zwar auch eine Situation des Jahres 1813, bezogen sich aber ausschließlich auf die Einführung des (russischen) Zapfenstreich-Marsches und haben nichts mit der Einführung des Gebets zu tun. Das Zusammenführen der Äußerungen von Kalkbrenner über das Geschehen im Mai des Jahres 1813 mit dem Erlass des Königs vom August 1813 führte somit zu den fantasiereichen Geschichten um die Einführung des Gebets. Es ist zwar durchaus möglich, dass wie beim Zapfenstreich-Marsch auch für den Gebetserlass ein persönliches Erlebnis von Friedrich Wilhelm III. im russischen Lager den letzten Anstoß gegeben hat. Aber weder der Erlass von 1813 selbst, noch Kalkbrenners Äußerungen von 1896 können dafür als Quelle angenommen werden.

---

[17] Brief von Carl von Clausewitz an Marie von Clausewitz vom 20. Mai 1815, veröffentlicht in: Zschr. für preussische Geschichte und Landeskunde 1876, S. 324

Zu den unglücklichen Verwechslungen trug nicht zuletzt auch Wieprechts Bezeichnung "Gebet" bei sowie der Zufall, dass das von ihm in seinem Großen Zapfenstreich [-Zyklus] verwendete Abendlied eine Melodie des russischen Komponisten Bortnjanski ist. Dabei hat Wieprecht doch nur eine **religiöse Melodie** als Abendlied gemäß dem königlichen Erlass in seinen Zyklus aufgenommen. Der Text zu diesem Lied von Gerhard Tersteegen (1697 – 1769) ist der Melodie nachträglich ca. 1822 in Berlin unterlegt worden und ist weder in Wieprechts Partitur noch einem Programm oder irgendeiner Beschreibung erwähnt. Und auch zu allen Zeiten bis auf den heutigen Tag ist bei Aufführungen des Großen Zapfenstreich[-Zyklus] der Text niemals in Erscheinung getreten. Militärmusikalisch gesehen war und ist daher die Melodie von Bortnjanski nichts anderes als das vom preußischen König Friedrich Wilhelm III. im Jahr 1813 befohlene Abendlied, währenddessen die Soldaten ein stilles Gebet in der Länge eines "Vater Unser" sprechen sollten !

Bis zum möglichen Auffinden einer zuverlässigen Schilderung um die Einführung des Gebets müssen somit alle Geschichten darüber reine Vermutungen bleiben. Lediglich die Tatsache der Einführung eines Gebets oder Abendliedes beim Zapfenstreich der preußischen Armee aufgrund des Königlichen Erlasses vom 10. bzw. 19. August 1813 in Neudorf bei Landeshut/Schlesien, kann als sicher gelten.[18]

---

[18] Die Einführung eines Gebets ist auch ausführlich behandelt in: Bernhard Höfele, Die deutsche Militärmusik, 2. / Bonn 2004, S. 146 ff.

Zur Melodie von:
Dimitri Stepanowitsch B o r t n j a n s k i
(1751 – 1825)

Bortnjanski ist in Gluchowo/Ukraine geboren. Er erhielt seine musikalische Ausbildung in St. Petersburg. Von 1769 – 1779 setzte er seine Studien in Italien fort. Stationen waren Bologna, Rom, Neapel und Venedig. 1779 kehrte er nach St. Petersburg zurück, wo er 1796 Direktor der Hofsängerkapelle wurde. Außer mehreren Opern komponierte Bortnjanski auch Kirchenmusik. Seine berühmt gewordene Melodie wurde erst in Deutschland mit dem Text von Gerhard Tersteegen unterlegt. Möglich wurde dies, weil Versmaß des Textes und Rhythmus der Melodie identisch waren; nämlich jeweils ein Jambus: kurz – lang, kurz – lang ($\check{}$ – ; $\check{}$ –)[19]. Das Gedicht von Tersteegen beginnt mit der ersten Strophe: "Für dich sei ganz mein Herz und Leben ... ". Erst die dritte Strophe lautet: "Ich bete an die Macht der Liebe ...". Während Tersteegen sein Gedicht schon in den Jahren 1757 (4. Strophe: 1751) geschrieben hat, komponierte Bortnjanski die Melodie erst 1822 in seiner St. Petersburger Zeit. Von dort kam sie nach Berlin, wo sie 1825 in einem Choralbuch, das an der Bethlehem Kirche benutzt wurde, zusammen mit dem Text von Tersteegen erschien. Hier hat Wieprecht, der 1824 nach Berlin kam, sie vermutlich kennen gelernt.

---

[19] Ähnlich war es auch beim Deutschlandlied; nur dass dort Versmaß und Rhythmus von Text und Melodie jeweils ein Trochäus waren: lang – kurz, lang – kurz (– $\check{}$; – $\check{}$)

Die bereits im Choralbuch leicht veränderte Melodie hat
Wieprecht in den letzten vier Takten noch einmal ver-
ändert und ihr durch ein schwerfälligeres harmonisches
Gewand und prägnante Artikulationsbezeichnungen mili-
tärisches Gepräge verliehen. Die ursprüngliche Fassung
wirkt dagegen wesentlich geschmeidiger und hat mehr
religiösen Charakter. Hier die ursprüngliche Fassung von
Bortnjanski: [20]

---

[20] Der ursprünglich russische Gesangstext hat nichts mit dem Gedicht von Tersteegen zu tun. Der Inhalt des russischen Textes
ist ein Danklied auf den großen, herrlichen und menschen-
freundlichen Gott, der die Menschen mit seinem Leib speist; als
Antwort darauf bringen die Menschen Gott mit dem zehnfach
besaiteten Psalter ihren Dank dar und errichten ihm in ihren
Herzen einen Altar.

Wilhelm Wieprecht
(1802 - 1872)

Entstehung und Entwicklung des Wieprecht'schen Großen Zapfenstreich [– Zyklus] von den Anfängen bis zur Gegenwart

Entstehung im 19. Jahrhundert

Nach den Erläuterungen zur Herkunft der einzelnen Stücke soll nun auch die Entstehung des *Großen Zapfenstreichs* von Wilhelm Wieprecht im Ganzen aufgezeigt werden.

Am 12. Mai 1838 veranstaltete Wieprecht in Berlin eine große Festmusik im Freien mit zahlreichen Musikkorps. Das letzte Stück seines Programms war der *russische Zapfenstreich*. Dieses Ereignis hat bei allen Beteiligten einen nachhaltigen Eindruck hinterlassen. In Wieprecht aber muss die Vorstellung gereift sein, nicht nur ein paar Musikstücke mit so großer Besetzung zu spielen, sondern ein ganzes Konzert damit zu geben; und nicht nur einen Zapfenstreich-Marsch zum Abschluss zu spielen, sondern einen ganzen Zapfenstreich-Zyklus.

Eine weitere Station auf dem Weg zu einem solchen Zapfenstreich-Zyklus war das Jahr 1845. Wieprecht selbst berichtet in einem Brief an seinen Freund Louis Schneider von einer **großen Abendmusik** in Koblenz mit wieder zahlreichen Militärmusikern und -was neu war- "begleitenden Soldaten unter Gewehr sowie 200 Mann mit brennenden Fackeln".[21]

---

[21] veröffentlicht bei A. Kalkbrenner, Wilhelm Wieprecht, a. a. O. S. 46

Das Programm dieser Abendmusik umfasste zunächst acht einzelne Stücke, bestehend aus Liedern, einfachen und festlichen Märschen sowie einer Ouverture. Nach einer Pause folgte "der Zapfenstreich, die Retraite, so wie das Abendlied, mit welchem diese militärische Scene beschlossen wurde". In dieser großen Abendmusik war also sowohl der konzertante Teil, als auch der militärmusikalische Schlussteil gegenüber 1838 wesentlich erweitert. Zusammen mit den begleitenden Soldaten unter Gewehr und den Fackelträgern waren somit bereits die wesentlichen Teile von Wieprechts Zapfenstreich-Zyklus vorhanden: Konzertmusik, Zapfenstreich-Marsch, Retraite und Abendlied. Dennoch erwähnte Wieprecht in seinem ansonsten ganz ausführlichen Bericht über Proben und Aufführung die Bezeichnung "Großer Zapfenstreich" **nicht**.

Wieder acht Jahre später, am 25. Juli 1856, dokumentiert der erhalten gebliebene Programmzettel eines Wieprecht' schen Konzertes in Köln (s. Abb. auf S. 49) nochmals eine Erweiterung sowohl des Konzertteils auf nunmehr 12 Programmnummern, als auch des abschließenden Zapfenstreichs durch Einfügen von ***"Locken der Tambours"*** und ***"An- und Abschlagen zum Gebet"***. Außerdem wird hier erstmals eindeutig von Wieprecht selbst die Bezeichnung *großer Zapfenstreich* für seine Zusammenstellung gebraucht, wie auch der Begriff ***Gebet*** anstelle von Abendlied. Natürlich kann Wieprecht möglicherweise schon früher an einem anderen Ort diesen Zapfenstreich-Zyklus aufgeführt haben, doch dafür gibt es bis jetzt noch keinen Nachweis. Nach heutigem Stand kann daher die erste Aufführung eines fast vollständigen Wieprecht' schen Großen Zapfenstreich-Zyklus erst seit 1856 nachgewiesen werden.

Konzertprogramm von 1856:

Freitag den 25. Juli 1856, Nachmittags 5½ Uhr,

zum Besten des Kölner Dombaues

großes Militair-Concert,

gegeben von **M. Wieprecht,**

Director der Gesammt-Musikchöre des königl. Garde-Corps, ausgeführt von
den Musikchören des 16., 30., 33. Infanterie-Regiments, des 8. Cuirassier-
Regiments und einem starkbesetzten Tambour-Chor.

Programm:

1) Großer Siege- u. Fest-Marsch, v. Spontini.
2) Zwei Defilir-Märsche:
   a) der Wilhelmus.
   b) Zapfenstreich } von Wieprecht.
3) Einzug der Gäste auf b. ...burg aus "Tann-
   häuser", von Wagner.
4) Ouverture zur Oper, "..", von Spontini.
5) Zwei Defilir-Märsche:
   a) Armee-Marsch ... von Laudenbach,
   b) Gruß an Köln, ... Lütich
6) Festgesang zur Vermählung, Prinz F. W. L. der
   Prinzessin Anna von Preußen, v. Meyerbeer.
7) Das Erwachen des Löwen, von Konsky.
8) Krönungs-Marsch aus dem "Propheten", von
   Meyerbeer.
9) Das Lob der Thränen, von Franz Schubert.
10) Hochzeits-Marsch aus dem "Sommernachts-
    traum", von Mendelssohn.

11) **Die Schlacht bei Vittoria,**
   ein Tongemälde von L. v. Beethoven.
   (Erste Abtheilung: Kampf!!!
   Zweite Abtheilung: Sieg!!!
   En- aber auf der rechten, Franzosen auf der
   linf Seite. (Mit wirklicher Kanonade nach
   Vorschrift des Componisten.)
12) Zwei Defilir-Märsche:
   a) der Dessauer,
   b) Linke! Rechts! } von Wieprecht.

Zum Schluß großer Zapfenstreich:
   a) Locken der Tambours,
   b) Zapfenstreich mit klingendem Spiel,
   c) Retraite der Kavallerie,
   d) Anschlagen zum Gebete,
   e) Gebet,
   f) Abschlagen zum Gebet.

Anfang des Concertes 5½ Uhr Nachmittags.

16 Jahre nach der Kölner Aufführung erschien im Verlag der Schlesinger'schen Buch- und Musikhandlung in Berlin eine Partitur mit fast den gleichen Bezeichnungen wie im Programmzettel von 1856. Hinzugefügt wurde von Wieprecht nur noch "Schluss, Gewehr ein"! (der heutige **Ruf nach dem Gebet** ; siehe weiter oben S. 19). Mit dieser gedruckten Partitur, die 1872 erschien ist, waren nun alle Fragen oder Zweifel hinsichtlich der einzelnen Musikstücke eindeutig geklärt.

Entwicklung in der ersten Hälfte des 20. Jahrhunderts

Nach Gründung der ersten deutschen Republik (Weimarer Republik) erfuhr der Große Zapfenstreich noch ein letztes Mal eine Erweiterung. Im Jahr 1922 bestimmte der Reichspräsident Friedrich Ebert die Melodie der ehemals österreichischen Kaiserhymne von Joseph Haydn zur deutschen Nationalhymne. Danach wurde es üblich, diese Hymne in den Großen Zapfenstreich[-Zyklus] aufzunehmen und ihn damit zu beenden wie es Oskar Hackenberger, Armeemusikinspizient von 1924 – 1929, bei einer Aufführung im Jahr 1926 getan hat.[22] Hier erhielten einzelne Stücke noch einmal eine Änderung ihrer Bezeichnungen gegenüber der Wieprecht'schen Partitur. Auch war diese Aufführung im Deutschen Stadion in Berlin mit den vereinigten Musikkorps des Wehrkreises III ein Meilenstein in der Entwicklung des

---

[22] abgedruckt bei J. Toeche Mittler, Musikmeister Ahlers, Stuttgart 1981, S. 56

Großen Zapfenstreichs zum militärischen Zeremoniell.
Die Spielplanfolge sah folgende Teile vor:
 I. Musikaufführung:
    Armeemarsch, Ouverture, Opernfantasie, Walzer
 II. Anmarsch: Yorck'scher Marsch, Wirbel
III. Großer Zapfenstreich:
    Fünf Märsche; danach folgten alle Stücke gemäß der
    Wieprecht'schen Partitur; zum Schluss Deutschland-
    lied
IV. Abmarsch: Wirbel mit 8 Schlägen und "Großer
    Zapfenstreich der Fußtruppen".

Die „Musikaufführung" entsprach dem bisher üblichen
konzertanten Teil eines Programms. Danach folgte –
erstmals in einem Programmheft festgehalten – : „Anmarsch". Dafür musste eine längere Pause einkalkuliert
werden, oder eine zweite Musikbesetzung bereit stehen.
In beiden Fällen ist mit An- und Abmarsch eine militärische Gepflogenheit dem Wieprecht'schen Großen Zapfenstreich hinzugefügt und ihm damit mehr Raum gegenüber dem konzertanten I. Teil zugestanden worden. Ob
hier auch eine Truppe mitbeteiligt war, ist nicht erwähnt.
Der dritte Teil begann noch einmal konzertant mit fünf
Märschen, ohne dass jedoch die Bezeichnung "Serenade"
genannt wurde. Diese Aufführung zeigt somit den
gleitenden Übergang der Wieprecht'schen Zusammenstellung vom Abschluss eines Konzertes zum späteren
militärischen Zeremoniell.
Beim IV. Teil „Abmarsch" ist noch festzuhalten, dass mit
der Bezeichnung „Großer Zapfenstreich" auch der einlei-
tende Zapfenstreich-Marsch gemeint war (s. weiter oben
S. 30 ff.).

In der Reichswehr (nach 1918) gab es somit zweierlei Arten von Aufführungen des Großen Zapfenstreich [-Zyklus]. Einmal als konzertanter Abschluss nach einem großen Konzert ohne Truppe, Meldung sowie Ein- und Ausmarsch. In diesem Falle lag die Aufführung im Ermessen des Programmgestalters. Zum anderen als offizielle Veranstaltung zu besonderem Anlass oder zur Ehrung einer Person. Diesmal mit Truppe, Meldung sowie Ein- und Ausmarsch. Der Konzertteil wurde dabei auf wenige einfache Stücke beschränkt, die zusammen jetzt als *Serenade* bezeichnet wurden. **Eine Vorschrift über offizielle Aufführungen gab es zu dieser Zeit nicht!** Diese endgültige Form wurde 1956 von der Bundeswehr übernommen und beibehalten.

Ab ca. 1940 bis 1945 blieb der Große Zapfenstreich hinsichtlich der Bezeichnung wie auch seiner Musik allein der Wehrmacht und den SS-Verfügungstruppen vorbehalten. Sofern andere, vor allem zivile, Blaskapellen eine solche Abendveranstaltung durchführen wollten, hatten sie an Stelle der Bezeichnung *Großer Zapfenstreich* eine andere Benennung wie z. B. *Abendruf* o. Ä. zu verwenden.[23] Seit 1945 darf der Große Zapfenstreich wieder von allen zivilen Musikkapellen ohne Einschränkung aufgeführt werden.

---

[23] Vgl. Luftwaffen = Zusätze zur H.Dv. 32, Berlin, vom 4. 11.1940, S. 27

Der Große Zapfenstreich in heutiger Zeit (1955 - 2011)

Bei der Suche nach militärischer Tradition, die von nationalsozialistischen Einflüssen und Missbrauch weitgehend frei geblieben ist, stand der Wieprecht'sche Große Zapfenstreich [-Zyklus] an vorderster Stelle. Er erfuhr ab 1955 in der Bundeswehr der Bundesrepublik Deutschland eine außerordentliche Höherbewertung. Während er schon zuvor in der Wehrmacht von 1933 – 1945 zwar eine besondere militärmusikalische Veranstaltung, jedoch in keiner Vorschrift verankert war, wurde er ab 1955 in der Bundeswehr zum militärischen Zeremoniell erhoben und vorschriftsmäßig erfasst und geregelt. Einschränkungen hinsichtlich der Zahl der Aufführungen sowie das Verbot für die Musikkorps der Bundeswehr, einzelne Stücke außerhalb des Großen Zapfenstreichs zu spielen, sollten den besonderen Stellenwert dieses militärischen Zeremoniells aufzeigen. Eine Aufführung ohne Genehmigung und in konzertanter Form zum Abschluss großer Konzerte wurde daher für die Musikkorps der Bundeswehr gänzlich untersagt. Der erste Generalinspekteur Heusinger stellte schon 1958 fest:

"Der Große Zapfenstreich ist seiner Geschichte und seiner Eigenart nach eng mit dem Dienst der Truppe verbunden. Er ist eine Veranstaltung der Truppe, an der zwar Zivilbevölkerung als Zuschauer teilnehmen kann, aber keine öffentliche Volksfeier." [24]

---

[24] Erlass des BMVtdg -Fü B I 5- vom 27. 9. 1958

53

Ferner legt der Erlass fest, dass der Große Zapfenstreich **der Bundeswehr** auf "bedeutsame Ereignisse" zu beschränken ist, in den einzelnen Standorten nur einmal im Jahr veranstaltet werden soll und die Genehmigung dafür der jeweilige Inspekteur der Teilstreitkraft erteilen muss. Zum ersten Mal ist darin auch festgestellt, dass zur Durchführung eines Großen Zapfenstreichs **Musikkorps, Truppe unter Gewehr und Fackelträger** als fester Bestandteil gehören.

Damit war der Große Zapfenstreich im militärischen Bereich der rein musikalischen Bestimmung endgültig entzogen und zu einer Veranstaltung der Truppe bestimmt worden. Der im 19. Jahrhundert zunächst immer umfangreicher werdende Musikprogrammteil vor dem Großen Zapfenstreich bestand noch 1926 aus vier Stücken: einem Marsch, einer Ouverture, einer Opernfantasie und einem Walzer. Nun, von 1956 an, wurde als "konzertanter Teil" nur noch ein kurzer Vorspann meist in Form von drei Märschen unter dem Oberbegriff *Serenade* vom Musikkorps dargeboten. Dies dokumentiert die Tatsache, dass der Große Zapfenstreich in der Bundeswehr zu einer Veranstaltung der militärischen Institution geworden ist.

Eine erste offizielle Veröffentlichung der Bestimmungen über die Durchführung eines Großen Zapfenstreichs erfolgte 1962 in der Musikvorschrift "Bestimmungen für das Auftreten der Musikkorps der Bundeswehr mit und ohne Truppe" [25].

---

[25] Zentrale Dienstvorschrift (ZDv) 78/3, Bonn 1962, Anlage 4, S. 45 ff.

Darin wurde bereits die Durchführung in allen Abläufen und Kommandos genauestens angeordnet: *Antreten, Anmarsch, Aufstellung, Meldung, Serenade, Großer Zapfenstreich, Abmeldung, Abmarsch.* Zwei neue Begriffe sind in dieser Aufzählung enthalten, die bisher bei Aufführungen des Großen Zapfenstreichs noch nicht verwendet wurden: *Meldung* und *Serenade* !

Der reduzierte Konzertteil, 1926 zuletzt *Musikaufführung* genannt, wird hier als Serenade bezeichnet. Eine Meldung setzt einen Vorgesetzten voraus, der in offizieller Funktion dem Großen Zapfenstreich beiwohnt und diesem über den rein musikalischen Sinn hinaus eine truppendienstliche Funktion verleiht.

1966 erfolgte dann die Aufnahme des Großen Zapfenstreichs in die "militärischen Formen und Feiern", die in der gleichnamigen Vorschrift (ZDv 10/8) unter Kapitel 2 ihren Niederschlag fand. Zur Bedeutung des Großen Zapfenstreichs heißt es dazu:

"Der Große Zapfenstreich ist eine feierliche, militärische Veranstaltung. Er nimmt im militärischen Zeremoniell eine Sonderstellung ein und ist daher nur bei besonderen Anlässen zu spielen. [...] Zu dem Großen Zapfenstreich kann eine Serenade gespielt werden. Die Durchführung des Großen Zapfenstreiches erfordert sorgfältige Vorbereitungen. Die im Großen Zapfenstreich enthaltenen Musikstücke dürfen bei keiner anderen Gelegenheit gespielt werden." [26]

---

[26] Zentrale Dienstvorschrift (ZDv) 10/8, Bonn 1966, Kap 2, S. 5

Die Neuauflage dieser Vorschrift im Jahre 1983 wurde durch eine geschichtliche Einführung ergänzt. Der Zeitpunkt des Entstehens des Großen Zapfenstreichs ist dabei zu früh gewählt worden, da eine gründliche Untersuchung der geschichtlichen Entwicklung zu diesem Zeitpunkt noch nicht zur Verfügung stand und mehrere schriftliche Äußerungen dazu unterschiedliche Daten aufweisen. Es muss daher bei der zeitlichen Entstehung heißen "zweite Hälfte des 19. Jahrhunderts" .

"Der Große Zapfenstreich ist im deutschen Volk seit der ersten Hälfte des 19. Jahrhunderts bekannt und als ein besonderes und feierliches Abendzeremoniell der Streitkräfte und der Militärmusik geschätzt. Im Zeremoniell haben sich zwei Überlieferungen des Truppenlebens im Felde bis heute erhalten: der Brauch des Zapfenstreichsignals und die Sitte, Gelegenheit zum Abendgebet über alle Konfessionen hinweg zu geben. [...] die Aufführung eines Großen Zapfenstreiches soll
- den Zusammenhalt der Streitkräfte festigen und
- die Verbundenheit von Truppe und Bevölkerung stärken.
Sie ist Teil der Traditionspflege der Bundeswehr." [27]

Neu in dieser Vorschrift ist ferner die Bestimmung: *"Der Große Zapfenstreich wird abgenommen"*. Dies war allerdings schon von Beginn der Bundeswehr an übliche

---

[27] Militärische Formen und Feiern der Bundeswehr in: Z D v 10 / 8, Bonn 1983, Nr. 201 ff.

Praxis, wurde aber jetzt erstmals auch in einer Vorschrift festgehalten.

Zwei Befehle aus den Jahren 1962 und 1969 weisen ebenfalls auf den Großen Zapfenstreich hin. Sie betreffen Aufführungen im Bundesland Bayern, bei denen landeseigene Musikstücke mit besonderer Tradition berücksichtigt werden können und die Ausführung der drei Posten.

Der erste, vom Bundesminister der Verteidigung[28], genehmigt *"zur Förderung des Traditionsbewußtseins und zur Pflege der landsmannschaftlichen Besonderheiten"* beim Spielen des Großen Zapfenstreichs in Bayern anstelle des einleitenden Zapfenstreich-Marsches (*Russischer Zapfenstreich*) den "Bayerischen Zapfenstreich [-Marsch]" von 1822/23 und anstelle des "Gebets" mit der Melodie von Bortnjanski das "Bayerische Militärgebet" von Johann Kaspar Aiblinger (1779 – 1867). Von dieser Genehmigung wurde jedoch in der Praxis kein Gebrauch gemacht. Lediglich bei der Serenade fand in der Regel das *Bayerische Militärgebet* Berücksichtigung.

Der zweite Befehl, vom Musikinspizienten der Bundeswehr[29], führt bei den drei Posten die Sechzehntel-Triolen ein, wie sie in Wieprechts Partitur ausgedruckt sind. Diese Ausführungsart hat sich in der Praxis nicht bewährt und wurde somit bald wieder aufgegeben.

---

[28] Erlass Fü B I 7 - Az. 59 – 40 - 17 vom 24. 4. 1962
[29] Bundeswehramt - Musikinspizient der Bundeswehr – Az. 59-52-02-07 vom 8. September 1969

Zum Schluss der geschichtlichen Erläuterungen über den Großen Zapfenstreich soll auch nicht verschwiegen werden, dass bald nach der Gründung der Bundeswehr dieses militärische Zeremoniell nicht mehr von allen Teilen der Bevölkerung geschätzt wurde. Kritische Stimmen, die eine derartige militärische Repräsentation ablehnten, waren bei mehreren Aufführungen nicht zu überhören. So sah sich der Generalinspekteur der Bundeswehr bereits im September 1961 genötigt, an die Inspekteure und Befehlshaber folgenden Erlass herauszugeben:

"In der derzeitigen Lage erscheint es mir angebracht, das Spielen des Großen Zapfenstreiches weitgehend einzuschränken. Ich bitte auch, die Verabschiedung hoher Offiziere bis auf weiteres nicht mehr zum Anlaß für die Genehmigung des Großen Zapfenstreiches zu nehmen. Sollten sie in besonderen Ausnahmefällen eine Genehmigung beabsichtigen, so bitte ich, mich in jedem Falle vorher zu unterrichten.

gez. Foertsch" [30]

Auch in der nachfolgenden Zeit bis zum heutigen Tag gab und gibt es immer wieder lautstarke Ablehnung, die öffentliche Aufführungen sogar massiv stört. Doch auch sie konnte den grandiosen Siegeszug des Großen Zapfenstreichs bis in die heutige Zeit nicht aufhalten. Von Soldaten wie zivilen Liebhabern war und ist er seit seiner Entstehung stets begehrt und geschätzt.

---

[30] Der Generalinspekteur der Bundeswehr - Fü B I 3 - , Az. 59-52-02-07 vom 8. September 1961